HEYNE <

Dr. Oetker Landfrauen backen

Wilhelm Heyne Verlag
München

Inhalt

Vorwort

Auf dem Land da wird nach Herzenslust gebacken.
Ein Wochenende ohne selbst gebackenen Kuchen kann man sich kaum vorstellen.
Dabei sind der Phantasie kaum Grenzen gesetzt.
Ob für Festtage oder besondere Anlässe, einfach nur so oder für die große Kaffeerunde – hier finden Sie bestimmt ein passendes Rezept.

Hinweise zu den Rezepten

Lesen Sie bitte vor der Zubereitung – besser noch vor dem Einkaufen – das Rezept einmal vollständig durch. Oft werden Arbeitsabläufe oder -zusammenhänge dann klarer.
Die in den Rezepten angegebenen Backtemperaturen und -zeiten sind Richtwerte, die je nach individueller Hitzeleistung des Backofens über- oder unterschritten werden können. Bitte beachten Sie deshalb bei der Einstellung des Backofens die Gebrauchsanweisung des Herstellers und machen Sie nach Beendigung der angegebenen Backzeit eine Garprobe.

Zubereitungszeiten

Die Zubereitungszeit beinhaltet nur die Zeit für die eigentliche Zubereitung, die Backzeiten sind gesondert ausgewiesen. Längere Wartezeiten wie z.B. Kühlzeiten sind ebenfalls nicht mit einbezogen.

Abkürzungen

EL	= Esslöffel
TL	= Teelöffel
Msp.	= Messerspitze
Pck.	= Packung/Päckchen
g	= Gramm
kg	= Kilogramm
ml	= Milliliter
l	= Liter
evtl.	= eventuell
geh.	= gehäuft
gestr.	= gestrichen
TK	= Tiefkühlprodukt
°C	= Grad Celsius
Ø	= Durchmesser
E	= Eiweiß
F	= Fett
Kh	= Kohlenhydrate
kJ	= Kilojoule
kcal	= Kilokalorien

Cappuccino-Joghurt-Torte

Raffiniert

Zubereitungszeit:
etwa 40 Min., ohne Kühlzeit
Backzeit: etwa 30 Min.

Insgesamt:
E: 88 g, F: 336 g, Kh: 533 g,
kJ: 23174, kcal: 5532

Für den All-in-Teig:

100 g Weizenmehl
30 g Speisestärke
10 g Kakaopulver
3 TL Dr. Oetker Backin
150 g Zucker
1 Pck. Dr. Oetker Vanillin-Zucker
1 Prise Salz
3 Eier (Größe M)
1 EL Wasser
125 g weiche Butter
30 g Kokosraspel

Für die Füllung:

1 Dose Aprikosenhälften (Abtropfgewicht 240 g)
8 Blatt weiße Gelatine
3 EL Wasser
2 Beutel (je 10 g) Instant-Cappuccino-Pulver
500 g Naturjoghurt
150 g Zucker
500 g Schlagsahne
2 Pck. Dr. Oetker Vanillin-Zucker

Zum Garnieren:

30 g Mokka-Sahne-Schokolade

1. Für den Teig Mehl mit Speisestärke, Kakao und Backpulver mischen, in eine Rührschüssel sieben und Zucker, Vanillin-Zucker, Salz, Eier, Wasser, Butter und Kokosraspel hinzufügen.

2. Die Zutaten mit Handrührgerät mit Rührbesen zunächst kurz auf niedrigster dann auf höchster Stufe in etwa 2 Minuten zu einem Teig verarbeiten. Den Teig in eine Springform (Ø 26 cm, Boden gefettet, mit Backpapier belegt) geben und glatt streichen. Die Form auf dem Rost in den vorgeheizten Backofen schieben.

   Ober-/Unterhitze: etwa 180 °C
   Heißluft: etwa 160 °C
   Backzeit: etwa 30 Minuten.

3. Den Tortenboden aus der Form lösen, auf einen Kuchenrost stürzen und mitgebackenes Backpapier abziehen. Tortenboden erkalten lassen und einmal waagerecht durchschneiden, dabei den oberen Boden etwas dicker schneiden als den unteren. Den unteren Boden auf eine Tortenplatte legen, einen Tortenring darumlegen.

4. Für die Füllung Aprikosenhälften abtropfen lassen und in Spalten schneiden. Gelatine nach Packungsanleitung einweichen. Wasser erhitzen und Cappuccino-Pulver unterrühren. Gelatine leicht ausdrücken und unter Rühren in dem Cappuccino auflösen. Joghurt mit Zucker und der Cappuccino-Gelatine-Mischung verrühren und kalt stellen.

5. Sahne mit Vanillin-Zucker steif schlagen. Wenn die Masse anfängt zu gelieren, Sahne unterheben. Die Hälfte der Joghurt-Sahne auf den unteren Tortenboden geben und glatt streichen. Aprikosenspalten darauf verteilen und den oberen Tortenboden darauf legen, restliche Joghurt-Sahne darauf verstreichen. Oberfläche mit einem Esslöffel wellenförmig verzieren und die Torte 2 Stunden kalt stellen. Den Tortenring lösen und entfernen.

6. Zum Garnieren Schokolade mit einem Sparschäler oder Messer zu Röllchen schaben und die Tortenoberfläche damit garnieren.

Kaffee-Haselnuss-Torte

Gut vorzubereiten

Zubereitungszeit:
etwa 60 Min., ohne Kühlzeit
Backzeit: etwa 30 Min.

Insgesamt:
E: 96 g, F: 364 g, Kh: 196 g,
kJ: 19325, kcal: 4618

Für den Biskuitteig:

2 TL Instant-Kaffeepulver
3 EL heißes Wasser
5 Eier (Größe M)
170 g Zucker
50 g Weizenmehl
2 TL Dr. Oetker Backin
200 g gemahlene Haselnusskerne

Für die Füllung:

2 TL Instant-Kaffeepulver
500 g Schlagsahne
30 g gesiebter Puderzucker
2 Pck. Dr. Oetker Sahnesteif

Für den Guss:

100 g Zartbitter-Kuvertüre
50 g Butter

Zum Garnieren:

30 g zweifarbige Schokolade (Kaffeesahne)

1. Für den Teig Kaffeepulver in dem Wasser auflösen. Eier und Kaffee mit Handrührgerät mit Rührbesen auf höchster Stufe in 1 Minute schaumig schlagen. Zucker in 1 Minute einstreuen und noch etwa 2 Minuten schlagen.

2. Mehl mit Backpulver mischen, auf die Eiercreme sieben und kurz auf niedrigster Stufe unterrühren. Haselnusskerne vorsichtig unterheben. Den Teig in eine Springform (Ø 26 cm, Boden gefettet, mit Backpapier belegt) füllen und glatt streichen. Die Form auf dem Rost in den vorgeheizten Backofen schieben.

Ober-/Unterhitze: etwa 180 °C
Heißluft: etwa 160 °C
Backzeit: etwa 30 Minuten.

3. Den Boden 10 Minuten in der Form stehen lassen, dann aus der Form lösen und auf einen mit Backpapier belegten Kuchenrost stürzen. Das mitgebackene Papier abziehen, den Boden erkalten lassen und zweimal waagerecht durchschneiden.

4. Für die Füllung Kaffeepulver durch ein feines Sieb streichen. Sahne kurz aufschlagen. Puderzucker, Kaffeepulver und Sahnesteif mischen und unter Schlagen in die Sahne rieseln lassen. Sahne steif schlagen.

5. Etwa 4 Esslöffel der Kaffeesahne für den Tortenrand abnehmen und kalt stellen. Den unteren Boden auf eine Tortenplatte legen. Die Hälfte der übrigen Sahne darauf streichen. Den mittleren Boden darauf legen. Die zweite Hälfte der Sahne darauf streichen und den oberen Boden darauf legen. Die Torte kalt stellen.

6. Für den Guss Kuvertüre grob zerkleinern und mit Butter in einem kleinen Topf im Wasserbad bei schwacher Hitze zu einer geschmeidigen Masse verrühren. Den Guss etwas abkühlen lassen, dabei gelegentlich umrühren. Den Guss dann auf die Tortenoberfläche streichen und fest werden lassen.

7. Den Tortenrand mit der beiseite gestellten Sahne einstreichen. Schokolade mit einem Sparschäler in Späne hobeln und die Torte damit garnieren.

Schoko-Kirsch-Tupfentorte

Für Gäste

Zubereitungszeit:
etwa 40 Min., ohne Kühlzeit
Backzeit: etwa 50 Min.

Insgesamt:
E: 126 g, F: 233 g, Kh: 510 g,
kJ: 20312, kcal: 4851

Für den Knetteig:

150 g Weizenmehl
100 g Zucker
1/2 TL gemahlener Zimt
100 g weiche Butter
2–3 EL Wasser
100 g abgezogene, gemahlene Mandeln

Für die Füllung und zum Garnieren:

1 Glas Kaiserkirschen (Abtropfgewicht 370 g)
500 g Magerquark
100 g Zucker
1 Pck. Dr. Oetker Bourbon-Vanille-Zucker
2 Eier (Größe M)
1 Pck. Dr. Oetker Pudding-Pulver Schokolade

Zum Verzieren und Garnieren:

250 g Schlagsahne
1 Pck. Dr. Oetker Sahnesteif
1 Pck. Dr. Oetker Vanillin-Zucker
2–4 EL Raspelschokolade

1. Für den Knetteig Mehl in eine Rührschüssel sieben. Zucker, Zimt, Butter, Wasser und Mandeln hinzufügen und die Zutaten mit Handrührgerät mit Knethaken zunächst kurz auf niedrigster, dann auf höchster Stufe gut durcharbeiten.

2. Anschließend auf der leicht bemehlten Arbeitsfläche zu einem glatten Teig verkneten, sollte er kleben, ihn in Folie gewickelt eine Zeit lang kalt stellen.

3. Zwei Drittel des Teiges auf dem Boden einer Springform (Ø 26 cm, gefettet) ausrollen, den restlichen Teig zu einer Rolle formen, sie als Rand auf den Teigboden legen und so an die Form drücken, dass ein etwa 4 cm hoher Rand entsteht. Den Boden mehrmals mit einer Gabel einstechen.

4. Für die Füllung Kaiserkirschen auf einem Sieb gut abtropfen lassen. Quark mit Zucker, Vanille-Zucker, Eiern und Pudding-Pulver verrühren. Die Hälfte der Kirschen unterheben, die restlichen Kirschen zum Garnieren beiseite stellen. Die Masse in die Form geben und glatt streichen. Die Form auf dem Rost in den vorgeheizten Backofen schieben.

Ober-/Unterhitze: etwa 180 °C
Heißluft: etwa 160 °C
Backzeit: etwa 50 Minuten.

5. Den Tortenrand vorsichtig mit einem Messer lösen, aber die Torte in der Form auf einem Kuchenrost erkalten lassen. Die erkaltete Torte auf eine Tortenplatte setzen.

6. Die zurückgelassenen Kirschen halbieren. Sahne mit Sahnesteif und Vanillin-Zucker steif schlagen und in einen Spritzbeutel mit Lochtülle füllen. Abwechselnd je eine halbe Kirsche und einen Sahnetupfen auf die Tortenoberfläche geben. Die Torte mit Raspelschokolade bestreuen.

Banana-Split-Torte

Für Kinder

Zubereitungszeit:
etwa 30 Min., ohne Kühlzeit
Backzeit: etwa 25 Min.

Insgesamt:
E: 101 g, F: 388 g, Kh: 478 g,
kJ: 25059, kcal: 5989

Für den All-in-Teig:
100 g Weizenmehl
2 TL Dr. Oetker Backin
100 g gemahlene Haselnusskerne
150 g Zucker
1 Pck. Dr. Oetker Vanillin-Zucker
4 Eier (Größe M)
150 g weiche Butter oder Margarine

Für den Belag:
6 Blatt weiße Gelatine
300 ml Bananen-Milchmischgetränk
2 Bananen
500 g Schlagsahne
1 Pck. Dr. Oetker Vanillin-Zucker
50 g Raspelschokolade (Zartbitter)

Zum Garnieren:
Gelee-Bananen

1. Für den Teig Mehl und Backpulver mischen und in eine Rührschüssel sieben. Restliche Zutaten hinzufügen und alles mit Handrührgerät mit Rührbesen auf höchster Stufe in 2 Minuten zu einem glatten Teig verarbeiten. Den Teig in eine Springform (Ø 26 cm, Boden gefettet) füllen und glatt streichen. Die Form auf dem Rost in den vorgeheizten Backofen schieben.

Ober-/Unterhitze: etwa 180 °C
Heißluft: etwa 160 °C
Backzeit: etwa 25 Minuten.

2. Den Boden aus der Springform lösen und auf einem Kuchenrost erkalten lassen.

3. Für den Belag Gelatine nach Packungsanleitung in kaltem Wasser einweichen. Den Boden auf eine Tortenplatte legen und einen Tortenring darumstellen. Bananen schälen, in etwa 1 cm dicke Scheiben schneiden und auf dem Tortenboden verteilen, den Rand dabei frei lassen.

4. Gelatine ausdrücken, in einem kleinen Topf im warmen Wasserbad auflösen und langsam mit dem Milchmischgetränk verrühren. Sobald die Masse beginnt dicklich zu werden, Sahne mit Vanillin-Zucker steif schlagen. Ein Viertel davon in einen Spritzbeutel mit Lochtülle füllen, die restliche Sahne mit der Raspelschokolade unter die Bananenmilch-Gelatine-Masse heben. Die Sahnemasse auf die Bananen geben und glatt streichen.

5. Die Oberfläche der Torte mit der Sahne aus dem Spritzbeutel verzieren und die Torte mindestens 2 Stunden kalt stellen. Die Torte kurz vor dem Servieren mit Gelee-Bananen garnieren.

Herrentorte mit Eierlikör

Mit Alkohol

Zubereitungszeit:
etwa 50 Min., ohne Abkühlzeit
Backzeit: etwa 25 Min.

Insgesamt:
E: 65 g, F: 316 g, Kh: 341 g,
kJ: 20811, kcal: 4971

Für den Schüttelteig:

- 100 g Butter oder Margarine
- 50 g Weizenmehl
- 2 TL Dr. Oetker Backin
- 25 g Kakaopulver
- 100 g Zucker
- 1 Pck. Dr. Oetker Vanillin-Zucker
- 2 Eier (Größe M)
- 125 g gemahlene Haselnusskerne

Für den Belag:

- 250 g Preiselbeer-Auslese
- 400 g Schlagsahne
- 1 Pck. Dr. Oetker Vanillin-Zucker
- 2 Pck. Dr. Oetker Sahnesteif
- 250 ml (1/4 l) Eierlikör

1. Für den Teig Butter oder Margarine zerlassen und abkühlen lassen. Mehl mit Backpulver und Kakao mischen, in eine verschließbare Schüssel (etwa 3 l) sieben und mit Zucker und Vanillin-Zucker mischen. Eier und Butter oder Margarine hinzufügen. Die Schüssel mit dem Deckel fest verschließen.

2. Die Schüssel mehrmals (insgesamt 15–30 Sekunden) kräftig schütteln, so dass alle Zutaten gut vermischt sind, Haselnusskerne hinzugeben und alles mit einem Schneebesen oder Rührlöffel nochmals sorgfältig durchrühren, damit trockene Zutaten vom Rand mit untergerührt werden.

3. Den Teig in eine Springform (Ø 26 cm, Boden gefettet, mit Backpapier belegt) geben und glatt streichen. Die Form auf dem Rost in den vorgeheizten Backofen schieben.

   Ober-/Unterhitze: etwa 180 °C
   Heißluft: etwa 160 °C
   Backzeit: etwa 25 Minuten.

4. Den Tortenboden etwa 5 Minuten in der Form stehen lassen, dann aus der Form lösen, auf einen mit Backpapier belegten Kuchenrost stürzen und erkalten lassen. Mitgebackenes Backpapier abziehen und den Tortenboden auf eine Platte legen.

5. Für den Belag Preiselbeeren auf dem Tortenboden verstreichen. Sahne mit Vanillin-Zucker und Sahnesteif steif schlagen und in einen Spritzbeutel mit Sterntülle füllen. Den Tortenrand dick mit der Sahne verzieren und die Torte kalt stellen.

6. Vor dem Servieren den Tortenboden in 12 Stücke schneiden und mit etwas von dem Eierlikör begießen, restlichen Eierlikör dazureichen.

Kokos-Nougat-Schichttorte

Dauert etwas länger

Zubereitungszeit:
etwa 90 Min., ohne Kühl- und Durchziehzeit
Backzeit: etwa 12 Min. je Boden

Insgesamt:
E: 101 g, F: 655 g, Kh: 1070, kJ: 44594, kcal: 10655

Für den Biskuitteig:
- 6 Eier (Größe M)
- 300 g Zucker
- 2 Pck. Dr. Oetker Vanillin-Zucker
- 150 g Weizenmehl
- 150 g Speisestärke
- 2 TL Dr. Oetker Backin
- 200 g Kokosraspel
- 300 g zerlassene abgekühlte Butter

Für die Füllung:
- 100 g Nuss-Nougat
- 500 g Schlagsahne
- 2 Pck. Dr. Oetker Sahnesteif
- 1 Glas Ananaskonfitüre (etwa 340 g)

Für den Guss:
- 300 g Nuss-Nougat

1. Eier mit Handrührgerät mit Rührbesen auf höchster Stufe in 1 Minute schaumig schlagen. Zucker und Vanillin-Zucker mischen, in 1 Minute einstreuen und noch 2 Minuten weiterschlagen.

2. Mehl mit Speisestärke und Backpulver mischen, die Hälfte davon auf die Eiercreme sieben und kurz auf niedrigster Stufe unterrühren. Restliches Mehlgemisch auf die gleiche Weise unterarbeiten. Zuletzt Kokosraspel und Butter vorsichtig unterheben.

3. Den Teig in 5 Portionen teilen. Jeweils eine Teigportion in eine Springform (Ø 26 cm, Boden gefettet, mit Backpapier belegt) füllen und glatt streichen. Die Formen nacheinander (bei Heißluft zusammen) auf dem Rost in den vorgeheizten Backofen schieben.

   Ober-/Unterhitze: etwa 180 °C
   Heißluft: etwa 160 °C
   Backzeit: etwa 10 Minuten je Boden.

4. Biskuitböden aus den Formen lösen, auf mit Backpapier belegte Kuchenroste stürzen und erkalten lassen. Anschließend mitgebackenes Backpapier abziehen.

5. Für die Füllung Nuss-Nougat nach Packungsanleitung auflösen und abkühlen lassen. Sahne mit Sahnesteif steif schlagen. Nuss-Nougat vorsichtig unterrühren. Nougat-Sahne in 4 Portionen teilen. Konfitüre ebenfalls in 4 Portionen teilen.

6. Einen Biskuitboden auf eine Tortenplatte legen, mit einer Portion Konfitüre bestreichen, eine Portion der Nougat-Sahne darauf verteilen und mit dem zweiten Boden belegen. So weiter bestreichen und Böden auflegen, bis alle Biskuitböden zu einer Torte zusammengesetzt sind. Den letzten Biskuitboden nicht bestreichen. Rand glatt streichen.

7. Für den Guss Nuss-Nougat nach Packungsanleitung auflösen. Die Torte vollständig damit überziehen. Torte kalt stellen und gut durchziehen lassen.

Prasseltorte

Schnell

Zubereitungszeit:
etwa 25 Min., ohne Auftau- und Kühlzeit
Backzeit: etwa 15 Min. je Backblech

Insgesamt:
E: 62 g, F: 345 g, Kh: 508 g, kJ: 22812, kcal: 5450

Für die Böden:
- 300 g TK-Blätterteig
- 1 Ei
- 1 EL Milch

Für die Streusel:
- 225 g Weizenmehl
- 75 g gesiebter Puderzucker
- 1 Pck. Dr. Oetker Vanillin-Zucker
- 150 g weiche Butter oder Margarine
- 50 g abgezogene, gemahlene Mandeln

Für die Füllung:
- 400 g Schlagsahne
- 2 Pck. Dr. Oetker Sahnesteif
- 2 Pck. Dr. Oetker Vanillin-Zucker
- 6 EL Heidelbeerkonfitüre

Zum Bestäuben:
- Puderzucker

1. Die Blätterteigplatten nach Packungsanleitung auftauen lassen. Die Platten aufeinander legen und auf der leicht bemehlten Arbeitsfläche zu einem Quadrat ausrollen. Teigquadrat vierteln und jedes Viertel auf der leicht bemehlten Arbeitsfläche zu einem Quadrat (etwa 22 x 22 cm) ausrollen und je eine runde Platte (Ø 22 cm) daraus schneiden. Die 4 runden Platten auf Backbleche (gefettet, mit Backpapier belegt) legen. Ei mit Milch verquirlen und die Platten damit bestreichen. Platten kurz ruhen lassen.

2. Für die Streusel Mehl in eine Rührschüssel sieben. Puderzucker, Vanillin-Zucker, Butter oder Margarine und Mandeln hinzufügen und die Zutaten mit Handrührgerät mit Rührbesen zunächst kurz auf niedrigster, dann auf höchster Stufe zu feinen Streuseln verarbeiten. Streusel gleichmäßig auf die Blätterteigplatten streuen und leicht andrücken. Die Backbleche nacheinander (bei Heißluft zusammen) in den vorgeheizten Backofen schieben.

   Ober-/Unterhitze: etwa 200 °C
   Heißluft: etwa 180 °C
   Backzeit: etwa 15 Minuten je Backblech.

3. Die Platten mit dem Backpapier von den Backblechen auf Kuchenroste ziehen und erkalten lassen.

4. Für die Füllung Sahne mit Sahnesteif und Vanillin-Zucker steif schlagen. Drei Gebäckböden mit jeweils 2 Esslöffeln Konfitüre bestreichen, dabei einen etwa 2 cm breiten Rand frei lassen. Einen mit Konfitüre bestrichenen Gebäckboden auf eine Tortenplatte legen, ein Drittel der Sahne darauf geben und glatt streichen. Den zweiten mit Konfitüre bestrichenen Gebäckboden darauf legen und leicht andrücken. Die Hälfte der restlichen Sahne darauf verteilen. Den dritten mit Konfitüre bestrichenen Gebäckboden darauf legen, leicht andrücken. Die restliche Sahne darauf streichen und mit dem letzten, in 12 Stücke geschnittenen Gebäckboden belegen, leicht andrücken. Die Torte bis zum Servieren kalt stellen.

5. Die Torte vor dem Servieren mit Puderzucker bestäuben.

Quark-Marzipan-Torte

Mit Alkohol

Zubereitungszeit:
etwa 85 Min., ohne Abkühlzeit
Backzeit: etwa 50 Min.

Insgesamt:
E: 152 g, F: 386 g, Kh: 493 g,
kJ: 27686, kcal: 6608

Für den Boden:
- 200 g Zwieback
- 50 g Mohnsamen
- 130 g zerlassene, abgekühlte Butter
- 2–3 EL Marzipan-Sahne-Likör

Für die Quarkmasse:
- 3 Eigelb (Größe M)
- 250 g Mascarpone
- 500 g Magerquark
- 175 ml Marzipan-Sahne-Likör
- 1 Pck. Dr. Oetker Pudding-Pulver Sahne-Geschmack
- 100 g Zucker
- 1 Pck. Dr. Oetker Finesse Geriebene Zitronenschale
- 3 Eiweiß (Größe M)

Zum Garnieren und Verzieren:
- 40 g gehobelte Mandeln
- etwa 24 Mandeln
- 3 EL Aprikosenkonfitüre
- 200 g Schlagsahne
- 1 Pck. Dr. Oetker Sahnesteif
- 2 EL Marzipan-Sahne-Likör
- 1–2 EL Hagelzucker
- etwa 50 g gekühlte Marzipan-Rohmasse

1. Für den Boden Zwieback in einen Gefrierbeutel geben, den Beutel fest verschließen und Zwieback mit einer Teigrolle fein zerbröseln. Zwiebackbrösel in eine Rührschüssel füllen. Mohnsamen und Butter hinzufügen und zu einer Masse verrühren. Die Masse in eine Springform (Ø 26 cm, Boden gefettet, mit Backpapier belegt) geben und mit einem Esslöffel andrücken, dabei einen kleinen Rand hochziehen.

2. Für die Quarkmasse Eigelb mit Mascarpone, Quark, Likör, Pudding-Pulver, Zucker und Zitronenschale verrühren. Eiweiß sehr steif schlagen und unterheben. Die Masse auf den Boden füllen und glatt streichen. Die Form auf dem Rost in den vorgeheizten Backofen schieben.

   Ober-/Unterhitze: etwa 180 °C (unteres Drittel)
   Heißluft: etwa 160 °C
   Backzeit: etwa 50 Minuten.

3. Die Torte in der Form auf einen Kuchenrost stellen, 10 Minuten abkühlen lassen. Dann Springformrand lösen und entfernen. Die Torte mit dem Springformboden auf dem Kuchenrost erkalten lassen.

4. Zum Garnieren und Verzieren nacheinander gehobelte und ganze Mandeln in einer Pfanne ohne Fett goldbraun rösten und erkalten lassen. Konfitüre unter Rühren erwärmen und durch ein feines Sieb streichen. Einen Esslöffel Konfitüre beiseite legen. Tortenrand mit der restlichen Konfitüre bestreichen und mit gehobelten Mandeln garnieren.

5. Sahne mit Sahnesteif steif schlagen und den Likör unterziehen. Likörsahne in einen Spritzbeutel mit Lochtülle füllen und Tortenoberfläche mit Sahnekringeln verzieren. Mandeln mit der beiseite gelegten Konfitüre vermischen. Sahnekringel mit Mandeln belegen und mit Hagelzucker bestreuen. Marzipan-Rohmasse mit einem Sparschäler in Locken hobeln und die Torte damit garnieren.

Ananas-Marzipan-Torte

Für Gäste

Zubereitungszeit:
etwa 35 Min., ohne Kühlzeit

Insgesamt:
E: 84 g, F: 477 g, Kh: 423 g, kJ: 26865, kcal: 6416

Für den Boden:
- 200 g Löffelbiskuits
- 100 g Marzipan-Rohmasse
- 150 g Butter

Für den Belag:
- 8 Blatt weiße Gelatine
- 1 Dose Ananasstücke (Abtropfgewicht 340 g)
- 200 ml Ananassaft aus der Dose, evtl. mit Wasser aufgefüllt
- 200 g Schlagsahne
- 500 g Mascarpone
- 75 g Zucker

Zum Garnieren:
- 100 g Marzipan-Rohmasse
- 20 g Puderzucker

1. Für den Boden Löffelbiskuits in einen Gefrierbeutel geben, den Beutel verschließen und die Kekse mit einer Teigrolle fein zerbröseln. Marzipan in feine Würfel schneiden und in eine Rührschüssel geben. Butter zerlassen und nach und nach mit dem Marzipan in einer Schüssel glatt rühren. Löffelbiskuitbrösel hinzufügen und alles gut vermischen.

2. Einen Springformrand (Ø 26 cm) auf eine mit Tortenspitze oder Backpapier belegte Tortenplatte stellen, die Bröselmasse darin verteilen und zu einem Boden andrücken, dabei einen etwa 2 cm hohen Rand hochziehen. Den Boden kalt stellen.

3. Für den Belag Gelatine nach Packungsanleitung einweichen. Ananas auf einem Sieb abtropfen lassen, den Saft dabei auffangen und 200 ml davon abmessen. Sahne steif schlagen. Saft mit Mascarpone und Zucker in einer Schüssel verrühren. Gelatine leicht ausdrücken, in einem Topf bei schwacher Hitze auflösen (nicht kochen) und zunächst mit etwas von der Mascarponemasse verrühren, dann unter die restliche Masse rühren.

4. Sahne unter die Mascarponemasse heben. Ananasstücke evtl. etwas kleiner schneiden, unterheben (einige zum Garnieren beiseite stellen) und die Creme auf dem Boden glatt streichen. Die Torte etwa 3 Stunden kalt stellen.

5. Zum Garnieren Springformrand lösen und entfernen. Marzipan mit gesiebtem Puderzucker verkneten, zwischen Frischhaltefolie ausrollen und 12 Kreise ausstechen (Ø etwa 4 cm). Kreise an einer Stelle bis zur Mitte durchschneiden und dekorativ auf der Tortenoberfläche verteilen. Beiseite gestellte Ananasstücke anlegen.

Tipp:

Anstelle von Mascarpone schmeckt der Belag auch mit Frischkäse oder Quark.
Ananas kann durch die gleiche Menge Stachelbeeren oder Aprikosen ersetzt werden.

Apfelkuchen mit Marzipanguss

Raffiniert – Für Gäste

Zubereitungszeit:
etwa 65 Min.
Backzeit: etwa 45 Min.

Insgesamt:
E: 141 g, F: 370 g, Kh: 871 g,
kJ: 31860, kcal: 7602

Für den Rührteig:

250 g weiche Butter oder Margarine
250 g Zucker
1 Pck. Dr. Oetker Vanillin-Zucker
5 Eier (Größe M)
150 g Weizenmehl
100 g Speisestärke
2 TL Dr. Oetker Backin

Für den Belag:

1 kg Äpfel

Für den Guss:

1 l Milch
2 Pck. Dr. Oetker Pudding-Pulver Vanille-Geschmack
75 g Zucker
3 Eigelb (Größe M)
200 g Marzipan-Rohmasse
3 Eiweiß (Größe M)

Zum Bestreuen:

50 g Hagelzucker

1. Für den Teig Butter oder Margarine mit Handrührgerät mit Rührbesen auf höchster Stufe geschmeidig rühren. Nach und nach Zucker und Vanillin-Zucker unterrühren und so lange rühren, bis eine gebundene Masse entstanden ist. Eier nach und nach unterrühren (jedes Ei etwa 1/2 Minute).

2. Mehl mit Speisestärke und Backpulver mischen, sieben und portionsweise auf mittlerer Stufe unterrühren. Einen Backrahmen auf ein Backblech (30 x 40 cm, gefettet) stellen, den Teig hineingeben und glatt streichen.

3. Für den Belag Äpfel schälen, vierteln, entkernen und in Scheiben schneiden. Apfelscheiben dachziegelartig auf den Teig legen.

4. Für den Guss 6 Esslöffel von der Milch mit Pudding-Pulver, Zucker und Eigelb verrühren. Marzipan-Rohmasse klein schneiden.

5. Die restliche Milch mit Marzipan-Rohmasse in einem Topf unter Rühren zum Kochen bringen, die Marzipanmasse gut verrühren. Angerührtes Pudding-Pulver unter Rühren hineingeben und nochmals gut aufkochen lassen. Eiweiß steif schlagen und unter den heißen Pudding heben. Die Masse auf den Apfelscheiben verteilen. Das Backblech in den vorgeheizten Backofen schieben.

Ober-/Unterhitze: etwa 180 °C
Heißluft: etwa 160 °C
Backzeit: etwa 45 Minuten.

6. Das Backblech auf einen Kuchenrost stellen und den Kuchen erkalten lassen. Den Kuchen aus dem Backrahmen lösen und mit Hagelzucker bestreut servieren.

Schokoladen-Kokos-Kuchen

Für Kinder

Zubereitungszeit:
etwa 45 Min., ohne Kühlzeit
Backzeit: etwa 30 Min.

Insgesamt:
E: 125 g, F: 578 g, Kh: 696 g,
kJ: 36612, kcal: 8748

Zum Vorbereiten:

200 g Kokosraspel
170 g Zartbitter-Schokolade
1 Dose Ananasscheiben (Abtropfgewicht 510 g)

Für den Rührteig:

300 g Butter oder Margarine
200 g Zucker
1 Pck. Dr. Oetker Vanillin-Zucker
6 Eier (Größe M)
300 g Weizenmehl
2 TL Dr. Oetker Backin

Zum Garnieren:

30 g Zartbitter-Schokolade
einige Tropfen Speiseöl

Für den Guss:

200 g Zartbitter-Schokolade
100 g Schlagsahne

1. Zum Vorbereiten Kokosraspel in einer Pfanne ohne Fett hellbraun rösten und erkalten lassen. Schokolade reiben und Ananas auf einem Sieb abtropfen lassen. 2 Scheiben Ananas in je 12 Stücke schneiden und zum Garnieren beiseite stellen. Die restlichen Ananasscheiben in kleine Stücke schneiden.

2. Für den Teig Butter oder Margarine mit Handrührgerät mit Rührbesen auf höchster Stufe geschmeidig rühren. Nach und nach Zucker und Vanillin-Zucker unterrühren und so lange rühren, bis eine gebundene Masse entstanden ist. Eier nach und nach unterrühren (jedes Ei etwa 1/2 Minute).

3. Mehl mit Backpulver mischen, sieben und portionsweise auf mittlerer Stufe unterrühren. Von den gerösteten Kokosraspeln 3 Esslöffel beiseite stellen. Die restlichen Kokosraspel mit der Schokolade unter den Teig rühren. Ananasstücke unterheben. Den Teig in eine Fettfangschale (30 x 40 cm, gefettet) geben und glatt streichen. Die Fettfangschale in den vorgeheizten Backofen schieben.

   Ober-/Unterhitze: etwa 180 °C
   Heißluft: etwa 160 °C
   Backzeit: etwa 30 Minuten.

4. Die Fettfangschale auf einen Kuchenrost stellen und den Kuchen erkalten lassen.

5. Zum Garnieren Schokolade in Stücke brechen und mit dem Öl in einem kleinen Topf im Wasserbad bei schwacher Hitze zu einer geschmeidigen Masse verrühren. Die zurückgelassenen Ananasstücke jeweils zur Hälfte in die Schokolade tauchen, auf Backpapier legen und die Schokolade fest werden lassen.

6. Für den Guss Schokolade in Stücke brechen, mit der Sahne im warmen Wasserbad zu einer geschmeidigen Masse verrühren und den erkalteten Kuchen damit bestreichen. Mit den zurückgelassenen Kokosraspeln bestreuen und mit den Schoko-Ananasstücken belegen. Den Guss fest werden lassen.

Orangenrolle

Titelrezept – Für Kinder – Schnell

Zubereitungszeit:
etwa 40 Min., ohne Kühlzeit
Backzeit: etwa 10 Min.

Insgesamt:
E: 65 g, F: 218 g, Kh: 517 g,
kJ: 18100, kcal: 4319

Für den Biskuitteig:
50 g Butter
4 Eier (Größe M)
1 Eigelb (Größe M)
75 g Zucker
1 Pck. Dr. Oetker Vanillin-Zucker
125 g Weizenmehl
knapp 1/2 TL Dr. Oetker Backin

Für die Füllung:
3–4 Orangen
1 Glas (340 g) Orangenmarmelade
1/2 Pck. Dr. Oetker Finesse Orangenfrucht

Zum Bestreichen:
400 g Schlagsahne
1 Pck. Saucenpulver Vanille-Geschmack ohne Kochen

Zum Garnieren:
50 g Orangenschokolade

1. Für den Teig Butter zerlassen und abkühlen lassen. Eier und Eigelb mit Handrührgerät mit Rührbesen auf höchster Stufe in 1 Minute schaumig schlagen. Zucker und Vanillin-Zucker mischen, in 1 Minute einstreuen, dann noch etwa 2 Minuten weiterschlagen.

2. Mehl mit Backpulver mischen, auf die Eiercreme sieben und kurz auf niedrigster Stufe unterrühren. Zuletzt die flüssige Butter kurz unterrühren. Den Teig auf ein Backblech (30 x 40 cm, gefettet, mit Backpapier belegt) geben und glatt streichen. Das Backblech in den vorgeheizten Backofen schieben.

Ober-/Unterhitze: etwa 200 °C
Heißluft: etwa 180 °C
Backzeit: etwa 10 Minuten.

3. Den Gebäckrand mit einem Messer vom Backblech lösen. Gebäckplatte auf ein mit wenig Zucker bestreutes Backpapier stürzen.

4. Für die Füllung Orangen so schälen, dass die weiße Haut mit entfernt wird und die Orangen filetieren. Orangenmarmelade mit Orangenfrucht verrühren. Das mitgebackene Backpapier von der Gebäckplatte abziehen, die Orangenmarmelade auf die Gebäckplatte streichen und mit den abgetropften Filets belegen. Die Rolle mit Hilfe des Backpapiers aufrollen und kalt stellen.

5. Zum Bestreichen Schlagsahne mit Saucenpulver steif schlagen und die Biskuitrolle damit bestreichen. Zum Garnieren Schokolade mit einem Sparschäler schaben und die Rolle damit garnieren. Die Rolle bis zum Servieren kalt stellen.

Tipp:

Anstatt mit Orangenfilets kann die Gebäckplatte auch mit 1 Dose abgetropfte Mandarinenfilets (Abtropfgewicht 175 g) belegt werden.

Knuspermüsli-Schnittchen

Einfach – Für Kinder

Zubereitungszeit:
etwa 50 Min., ohne Kühlzeit

Insgesamt:
E: 230 g, F: 454 g, Kh: 679 g, kJ: 32771, kcal: 7817

Für den Boden und die Knusperhäufchen:

100 g abgezogene, gehobelte Mandeln
300 g Knuspermüsli
400 g weiße Kuvertüre

Für die Creme:

500 g rote Johannisbeeren
12 Blatt weiße Gelatine
500 g Schlagsahne
1 kg Speisequark
1 Pck. Dr. Oetker Finesse Geriebene Zitronenschale
3–4 EL Zitronensaft
150–200 g Zucker

Zum Garnieren:

250 g Johannisbeerrispen

1. Für den Boden und die Knusperhäufchen die Mandeln in einer Pfanne ohne Fett unter Rühren leicht bräunen. Dann die Mandeln auf einem Teller erkalten lassen. Knuspermüsli in einen Gefrierbeutel geben, den Beutel fest verschließen und das Müsli mit einer Teigrolle zerbröseln. Kuvertüre grob hacken und in einem kleinen Topf im Wasserbad bei schwacher Hitze zu einer geschmeidigen Masse verrühren. Masse in eine Rührschüssel geben und mit Müslibröseln und Mandeln gut vermengen.

2. Für die Knusperhäufchen Backpapier auf eine große Platte legen. Aus der Müsli-Masse mit zwei Teelöffeln 20 kleine Häufchen abstechen und auf das Backpapier setzen. Restliche Masse als Kuchenboden auf ein Backblech (30 x 40 cm, gefettet, mit Backpapier belegt) geben und mit einem Esslöffel gut andrücken. Den Boden kalt stellen.

3. Für die Creme Johannisbeeren waschen, abtropfen lassen, Beeren von den Rispen streifen und trockentupfen. Gelatine nach Packungsanleitung in kaltem Wasser einweichen. Sahne steif schlagen. Quark mit Zitronenschale, Zitronensaft und Zucker verrühren. Gelatine leicht ausdrücken und in einem kleinen Topf unter Rühren erwärmen (nicht kochen), bis sie völlig gelöst ist. Gelatine zuerst mit einigen Löffeln von der Creme anrühren, dann mit der restlichen Creme gut verrühren und evtl. kalt stellen.

4. Sobald die Creme anfängt dicklich zu werden, Sahne und Johannisbeeren unterheben. Creme auf den Knusperboden streichen und den Kuchen kalt stellen.

5. Zum Garnieren Johannisbeerrispen abspülen und trockentupfen. Kuchen in etwa 20 Schnittchen teilen. Jedes Schnittchen mit einer kleinen Johannisbeerrispe und einem Knusperhäufchen garnieren.

Israel-Kuchen

Einfach

Zubereitungszeit:
30 Min.
Backzeit: 20–25 Min.

Insgesamt:
E: 83 g, F: 304 g, Kh: 452 g,
kJ: 20184, kcal: 4859

Für den Rührteig:

250 g weiche Butter oder Margarine
175 g Zucker
1 Pck. Dr. Oetker Vanillin-Zucker
1 Pck. Dr. Oetker Finesse Geriebene Zitronenschale
3 Eier (Größe M)
2 Eigelb (Größe M)
250 g Weizenmehl
1 TL Dr. Oetker Backin

Zum Bestreichen:

2 Eiweiß (Größe M)
75 g brauner Zucker (Kandisfarin)
100 g abgezogene, gehackte Mandeln

Zum Bestäuben:

Puderzucker

1. Für den Teig Butter oder Margarine in einer Rührschüssel mit Handrührgerät mit Rührbesen auf höchster Stufe geschmeidig rühren. Nach und nach Zucker, Vanillin-Zucker und Zitronenschale unterrühren und so lange rühren, bis eine gebundene Masse entstanden ist. Eier und Eigelb nach und nach unterrühren (jedes Ei etwa 1/2 Minute).

2. Mehl mit Backpulver mischen, sieben und in 2 Portionen auf mittlerer Stufe unterrühren. Den Teig auf ein Backblech (30 x 40 cm, gefettet) geben und glatt streichen. Das Backblech in den vorgeheizten Backofen schieben.

   Ober-/Unterhitze: etwa 180 °C
   Heißluft: etwa 160 °C
   Backzeit: etwa 15 Minuten.

3. Zum Bestreichen Eiweiß sehr steif schlagen und den braunen Zucker unterrühren. Mandeln unterheben und die Masse mit einem in Wasser getauchten Esslöffel gleichmäßig auf den Kuchen streichen. Das Backblech nochmals in den Backofen schieben und den Kuchen **bei gleicher Backofeneinstellung 6–8 Minuten überbacken.**

4. Anschließend das Backblech auf einen Kuchenrost stellen und den Kuchen darauf erkalten lassen.

5. Den Kuchen vor dem Servieren mit Papierstreifen belegen, mit Puderzucker bestäuben und die Papierstreifen vorsichtig wieder abnehmen.

Variante:

Bevor die Eiweißmasse auf den Kuchen gestrichen wird, den Teig mit 100 g Orangenmarmelade bestreichen.
Statt Kandisfarin können Sie Zucker und statt der gehackten Mandeln gehobelte Mandeln verwenden.

Knusprige Heidelbeerschnitten

Einfach

Zubereitungszeit:
etwa 40 Min., ohne Kühlzeit

Insgesamt:
E: 80 g, F: 364 g, Kh: 578 g,
kJ: 24950, kcal: 5963

Für den Boden:

250 g Zartbitter-Kuvertüre
150 g Haferfleks (Kölln)

Für den Belag:

600 g frische Heidelbeeren
10 Blatt weiße Gelatine
600 g saure Sahne
2–3 EL Zitronensaft
125 g Zucker
500 g Schlagsahne

Zum Verzieren:

200 g Heidelbeerkonfitüre oder rotes Johannisbeergelee
2–3 EL Johannisbeernektar

1. Für den Boden die Kuvertüre grob hacken und in einem kleinen Topf im Wasserbad bei schwacher Hitze zu einer geschmeidigen Masse verrühren. Kuvertüre in eine Schüssel geben und mit den Haferfleks gut verrühren.

2. Die Masse auf ein Backblech (30 x 40 cm, mit Backpapier belegt) geben und mit einem Esslöffel andrücken. Gebäckboden kalt stellen.

3. Für den Belag Heidelbeeren verlesen, abspülen, abtropfen lassen und trockentupfen. Gelatine in kaltem Wasser nach Packungsanleitung einweichen. Saure Sahne mit Zitronensaft und Zucker verrühren. Gelatine leicht ausdrücken und in einem kleinen Topf unter Rühren erwärmen (nicht kochen), bis sie völlig gelöst ist.

4. Die aufgelöste Gelatine zuerst mit einigen Löffeln der Masse verrühren, dann mit der restlichen Masse gut verrühren und kalt stellen.

5. Sahne steif schlagen. Sobald die Masse anfängt dicklich zu werden, Sahne und die Hälfte der Heidelbeeren unterheben. Sahnecreme auf den Gebäckboden geben und glatt streichen. Restliche Heidelbeeren darauf verteilen. Kuchen kalt stellen.

6. Zum Verzieren Konfitüre oder Gelee mit Nektar glatt rühren (evtl. durch ein Sieb streichen) und in einen Gefrierbeutel füllen. Eine kleine Spitze davon abschneiden und die Kuchenoberfläche schlierenartig damit verzieren. Kuchen in etwa 20 Schnitten schneiden.

Tipp:

Der Kuchen schmeckt auch gut mit Himbeeren.

Badischer Käsekuchen

Klassisch

Zubereitungszeit:
etwa 50 Min., ohne Abkühlzeit
Backzeit: 70–75 Min.

Insgesamt:
E: 215 g, F: 406 g, Kh: 782 g,
kJ: 32161, kcal: 7679

Für den Knetteig:
225 g Weizenmehl
60 g Zucker
1 Pck. Dr. Oetker Vanillin-Zucker
150 g Butter oder Margarine

Für den Quarkbelag:
1 kg Magerquark
60 g Speisestärke
250 g Zucker
4 Eier (Größe M)
1 Pck. Dr. Oetker Bourbon-Vanille-Aroma
1 Pck. Dr. Oetker Finesse Geriebene Zitronenschale
3 EL Zitronensaft
500 g Schlagsahne

Für die Streusel:
150 g Weizenmehl
75 g Zucker
1 Pck. Dr. Oetker Vanillin-Zucker
100 g weiche Butter

1. Für den Teig Mehl in eine Rührschüssel sieben. Restliche Zutaten hinzufügen und mit Handrührgerät mit Knethaken zunächst kurz auf niedrigster, dann auf höchster Stufe gut durcharbeiten. Anschließend auf der bemehlten Arbeitsfläche zu einem glatten Teig verkneten. Sollte er kleben, ihn in Folie gewickelt eine Zeit lang kalt stellen.

2. Den Teig auf einem Backblech (30 x 40 cm, gefettet) ausrollen und den Teigboden mehrmals mit einer Gabel einstechen. Das Backblech in den vorgeheizten Backofen schieben und den Boden vorbacken.

Ober-/Unterhitze: etwa 200 °C
Heißluft: etwa 180 °C
Backzeit: etwa 15 Minuten.

3. Für den Quarkbelag Quark mit Speisestärke, Zucker, Eiern, Aroma, Zitronenschale und -saft gut verrühren. Sahne steif schlagen und unterheben.

4. Das Backblech auf einen Kuchenrost stellen und den Gebäckboden etwas abkühlen lassen. Einen Backrahmen darumstellen. Die Quark-Sahne-Masse auf den vorgebackenen Gebäckboden geben und glatt streichen.

5. Für die Streusel Mehl in eine Rührschüssel sieben, restliche Zutaten hinzufügen, mit Handrührgerät mit Knethaken zu Streuseln verarbeiten und auf die Quark-Sahne-Masse streuen. Das Backblech wieder in den heißen Backofen schieben und den Kuchen fertig backen.

Ober-/Unterhitze: etwa 180 °C
Heißluft: etwa 160 °C
Backzeit: 55–60 Minuten.

6. Das Backblech auf einen Kuchenrost stellen und den Kuchen erkalten lassen. Backrahmen entfernen und Kuchen in Stücke schneiden.

Aprikosen-Quark-Gugelhupf

Leicht

Zubereitungszeit:
etwa 30 Min.
Backzeit: etwa 50 Min.

Insgesamt:
E: 100 g, F: 160 g, Kh: 440 g,
kJ: 15220, kcal: 3620

Zum Vorbereiten:
1 kleine Dose Aprikosenhälften (Abtropfgewicht 240 g)

Für den Rührteig:
100 g weiche Butter oder Margarine
150 g Zucker
1 Pck. Dr. Oetker Vanillin-Zucker
1 Prise Salz
4 Tropfen Bittermandel-Aroma
3 Eier (Größe M)
125 g Speisequark (Magerstufe)
1 EL Zitronensaft
300 g Weizenmehl
1 Pck. Dr. Oetker Backin

etwa 15 ganze, abgezogene Mandeln

Zum Bestreichen:
2 EL Aprikosenkonfitüre
2 EL Wasser

1. Zum Vorbereiten Aprikosenhälften auf einem Sieb gut abtropfen lassen und in kleine Stücke schneiden.

2. Für den Teig Butter oder Margarine in einer Rührschüssel mit Handrührgerät mit Rührbesen auf höchster Stufe geschmeidig rühren. Nach und nach Zucker, Vanillin-Zucker, Salz und Aroma unterrühren. So lange rühren, bis eine gebundene Masse entstanden ist.

3. Eier nach und nach unterrühren (jedes Ei etwa 1/2 Minute). Quark und Zitronensaft unterrühren. Mehl mit Backpulver mischen, sieben und in 2 Portionen auf mittlerer Stufe kurz unterrühren. Zuletzt Aprikosenstücke untermischen.

4. Mandeln auf dem Boden einer Gugelhupfform (Ø 22 cm, gefettet) verteilen. Den Teig darauf geben und glatt streichen. Die Form auf dem Rost in den vorgeheizten Backofen schieben.

Ober-/Unterhitze: etwa 180 °C (unteres Drittel)
Heißluft: etwa 160 °C
Backzeit: etwa 50 Minuten.

5. Den Kuchen etwa 10 Minuten in der Form stehen lassen, dann aus der Form lösen und auf einen Kuchenrost stürzen.

6. Zum Bestreichen Konfitüre mit Wasser in einem kleinen Topf unter Rühren gut aufkochen lassen. Die Kuchenoberfläche damit bestreichen und den Kuchen erkalten lassen.

Tipp:

Der Kuchen kann gut eingefroren werden.

Birnen-Brombeer-Tarte

Leicht

Zubereitungszeit:
etwa 50 Min., ohne Teiggehzeit
Backzeit: 25–30 Min.

Insgesamt:
E: 38 g; F: 9 g; Kh: 320 g;
kJ: 6459; kcal: 1543

Für den Hefeteig:

150 ml fettarme Milch (1,5% Fett)
250 g Weizenmehl
1 Pck. Dr. Oetker Trockenbackhefe
50 g Zucker
1 Prise Salz

Für den Belag:

etwa 750 g reife Birnen
Saft von 1/2 Zitrone
125 g frische Brombeeren

Für die Form:

etwas Halbfettbutter (39% Fett)

Zum Bestreuen:

2 TL brauner Rohrzucker

1. Für den Teig Milch erwärmen. Mehl in eine Rührschüssel sieben und mit der Hefe sorgfältig vermischen. Zucker, Salz und die warme Milch hinzufügen.

2. Die Zutaten mit Handrührgerät mit Knethaken zunächst auf niedrigster, dann auf höchster Stufe in etwa 5 Minuten zu einem Teig verarbeiten. Den Teig zugedeckt so lange an einem warmen Ort gehen lassen, bis er sich sichtbar vergrößert hat.

3. Für den Belag Birnen schälen, vierteln und entkernen. Birnenviertel in dicke Spalten schneiden und mit Zitronensaft beträufeln. Brombeeren verlesen, evtl. kurz abspülen und trockentupfen.

4. Den Teig mit etwas Mehl bestäuben, aus der Schüssel nehmen und auf der bemehlten Arbeitsfläche nochmals kurz durchkneten. Den Teig zu einer runden Platte (Ø etwa 30 cm) ausrollen, diese in eine Tarteform (Ø 28 cm, gefettet) legen und dabei den Rand etwa 2 cm hochdrücken.

5. Birnenspalten dachziegelartig auf den Teigboden legen. Den Rand mit Brombeeren belegen. Restliche Brombeeren auf den Birnenspalten verteilen. Den Teig nochmals so lange an einem warmen Ort gehen lassen, bis er sich sichtbar vergrößert hat. Die Form auf dem Rost in den vorgeheizten Backofen schieben.

   Ober-/Unterhitze: etwa 200 °C
   Heißluft: etwa 180 °C
   Backzeit: 25–30 Minuten.

6. Die Form auf einen Kuchenrost stellen. Tarte mit Zucker bestreuen und etwas abkühlen lassen. Warm oder kalt servieren.

Tipp:

Reichen Sie Schokoladensauce oder Vanillejoghurt dazu.

Traubenkuchen mit Eierguss

Beliebt

Zubereitungszeit:
etwa 30 Min., ohne Teiggehzeit
Backzeit: etwa 30 Min.

Insgesamt:
E: 87 g, F: 191 g, Kh: 408 g,
kJ: 16062, kcal: 3836

Für den Hefeteig:

200 g Weizenmehl
1 Pck. Dr. Oetker Trockenbackhefe
50 g Zucker
1 Pck. Dr. Oetker Vanillin-Zucker
50 g zerlassene, abgekühlte Butter oder Margarine
100 ml lauwarme Milch

Für die Quarkmasse:

250 g Schlagsahne
3 EL Zucker
1 Pck. Saucenpulver Vanille-Geschmack, zum Kochen
250 g Magerquark
1 Eigelb (Größe M)
300 g halbierte, entkernte, grüne und blaue Weintrauben

Für den Eierguss:

3 Eiweiß (Größe M)
60 g Butter
60 g Zucker
2 Eigelb (Größe M)
1 TL Speisestärke

1. Für den Teig Mehl in eine Rührschüssel sieben und mit der Hefe sorgfältig vermischen. Zucker, Vanillin-Zucker, Butter oder Margarine und Milch hinzufügen und die Zutaten mit Handrührgerät mit Knethaken zunächst auf niedrigster, dann auf höchster Stufe in etwa 5 Minuten zu einem Teig verarbeiten. Den Teig zugedeckt so lange an einem warmen Ort gehen lassen, bis er sich sichtbar vergrößert hat.

2. Den Teig leicht mit Mehl bestäuben, aus der Schüssel nehmen und auf einer bemehlten Arbeitsfläche kurz durchkneten. Den Teig auf dem Boden einer Springform (Ø 26 cm, Boden gefettet) ausrollen. Springformrand darumlegen und den Teig am Rand etwa 2 cm hochdrücken.

3. Für die Quarkmasse aus Sahne, Zucker und Saucenpulver nach Packungsanleitung einen Pudding zubereiten. Pudding etwas abkühlen lassen, dabei gelegentlich umrühren. Quark und Eigelb unterrühren. Die Quarkcreme auf den Hefeteig geben, glatt streichen und mit den Traubenhälften belegen.

4. Für den Eierguss Eiweiß sehr steif schlagen und beiseite stellen. Butter mit Zucker in eine Rührschüssel geben und mit Handrührgerät mit Rührbesen auf höchster Stufe geschmeidig rühren. Eigelb nach und nach unterrühren.

5. Eischnee auf die Eigelbmasse geben, mit Speisestärke bestäuben und vorsichtig unterheben. Den Guss auf den Trauben verteilen. Die Form auf dem Rost in den vorgeheizten Backofen schieben.

Ober-/Unterhitze: etwa 180 °C
Heißluft: etwa 160 °C
Backzeit: etwa 30 Minuten.

6. Den Kuchen aus der Form lösen und auf einem Kuchenrost erkalten lassen.

Mohnkuchen mit Johannisbeeren

Einfach

Zubereitungszeit:
etwa 35 Min., ohne Abkühlzeit
Backzeit: etwa 55 Min.

Insgesamt:
E: 73 g, F: 175 g, Kh: 512 g,
kJ: 16722, kcal: 3994

Für den Rührteig:
150 g weiche Butter oder Margarine
150 g Zucker
2 Pck. Dr. Oetker Vanillin-Zucker
1 Msp. Salz
1 Pck. Dr. Oetker Finesse Geriebene Zitronenschale
3 Eier (Größe M)
330 g Weizenmehl
2 TL Dr. Oetker Backin
150 ml Naturjoghurt
50 g Mohnsamen

Für den Belag:
1 Pck. Tortenguss, rot
2 EL Zucker
150 ml Johannisbeernektar
300 g TK-Johannisbeeren

Zum Garnieren und Bestäuben:
125 g frische Johannisbeeren
Puderzucker

1. Für den Teig Butter oder Margarine in einer Rührschüssel mit Handrührgerät mit Rührbesen geschmeidig rühren. Nach und nach Zucker, Vanillin-Zucker, Salz und Zitronenschale unterrühren. So lange rühren, bis eine gebundene Masse entstanden ist. Eier nach und nach unterrühren (jedes Ei etwa 1/2 Minute).

2. Mehl mit Backpulver mischen, sieben und mit dem Joghurt in 2 Portionen auf mittlerer Stufe unterrühren, Mohn hinzufügen. Den Teig in eine Springform (Ø 26 cm, Boden gefettet, bemehlt) geben und glatt streichen.

3. Für den Belag Tortengusspulver mit Zucker und Johannisbeernektar verrühren. Die gefrorenen Johannisbeeren unterrühren. Die Johannisbeermasse auf dem Teigboden verteilen und mit einer Gabel spiralförmig unter den Teig ziehen. Die Form auf dem Rost in den vorgeheizten Backofen schieben.

Ober-/Unterhitze: etwa 180 °C
Heißluft: etwa 160 °C
Backzeit: etwa 55 Minuten.

4. Die Form auf einen Kuchenrost stellen. Den Kuchen etwa 10 Minuten in der Form stehen lassen, dann aus der Form lösen und auf einem Kuchenrost erkalten lassen.

5. Den Kuchen mit Johannisbeeren garnieren und mit Puderzucker bestäuben.

Heidelbeer-Nektarinen-Kuchen

Fruchtig

Zubereitungszeit:
etwa 30 Min.
Backzeit: 40–45 Min.

Insgesamt:
E: 69 g, F: 153 g, Kh: 443 g, kJ: 14918, kcal: 3563

Zum Vorbereiten:
3 Nektarinen
200 g Heidelbeeren

Für den Schüttelteig:
250 g Weizenmehl
3 TL Dr. Oetker Backin
150 g gesiebter Puderzucker
1 Pck. Dr. Oetker Bourbon-Vanille-Zucker
1 Prise Salz
4 Eier (Größe M)
125 g zerlassene, abgekühlte Butter oder Margarine
200 g saure Sahne

Zum Bestäuben:
2 EL Puderzucker

1. Zum Vorbereiten Nektarinen waschen, abtrocknen, halbieren und Stein herauslösen. Nektarinenhälften in Spalten schneiden. Heidelbeeren verlesen, abspülen, auf einem Sieb gut abtropfen lassen und mit Küchenpapier trockentupfen.

2. Für den Teig Mehl mit Backpulver mischen, in eine verschließbare Schüssel (3-Liter-Inhalt) sieben und mit Puderzucker, Vanille-Zucker und Salz mischen. Eier, Butter oder Margarine und Sahne hinzufügen und die Schüssel mit dem Deckel fest verschließen.

3. Mehrmals (insgesamt 15–30 Sekunden) kräftig schütteln, so dass alle Zutaten gut vermischt sind. Alles mit einem Schneebesen oder Rührlöffel nochmals sorgfältig durchrühren, damit Zutaten vom Rand mit untergerührt werden.

4. Den Teig in eine Tarteform (Ø 28 cm, gefettet) geben und glatt streichen. Nektarinenspalten und Heidelbeeren darauf verteilen. Die Form auf dem Rost in den vorgeheizten Backofen schieben.

Ober-/Unterhitze: etwa 180 °C
Heißluft: etwa 160 °C
Backzeit: 40–45 Minuten.

5. Die Form auf einen Kuchenrost stellen. Den Kuchen erkalten lassen und mit Puderzucker bestäuben.

Beilage:

Geschlagene Sahne, evtl. mit Orangenlikör aromatisiert.

Tipp:

Sie können statt der Tarteform auch eine Springform (Ø 26 cm, Boden gefettet) verwenden.

Rhabarber-Erdbeer-Pie

Klassisch

Zubereitungszeit:
etwa 45 Min., ohne Abkühlzeit
Backzeit: 40–45 Min.

Insgesamt:
E: 40 g, F: 199 g, Kh: 499 g,
kJ: 16579, kcal: 3956

Zum Vorbereiten:
400 g frischer Rhabarber
300 g frische Erdbeeren

Für den Knetteig:
250 g Weizenmehl
1 Msp. Dr. Oetker Backin
120 g Zucker
1 Pck. Dr. Oetker Vanillin-Zucker
1 Eigelb (Größe M)
2 EL kalte Milch
180 g Butter oder Margarine

Zum Bestreichen:
etwas zerlassene Butter

Für die Füllung:
2 EL Ahornsirup
100 g Rohrzucker (brauner Zucker)
20 g Speisestärke
20 g Weizenmehl
20 g Butter

1. Zum Vorbereiten Rhabarber waschen, Stielenden und Blattansätze entfernen, Stangen in knapp 1 cm lange Stücke schneiden. Erdbeeren waschen, abtropfen lassen und entstielen. Größere Erdbeeren halbieren oder vierteln.

2. Für den Teig Mehl mit Backpulver mischen und in eine Rührschüssel sieben. Zucker, Vanillin-Zucker, Eigelb, Milch und Butter oder Margarine hinzufügen. Die Zutaten mit Handrührgerät mit Knethaken zunächst kurz auf niedrigster, dann auf höchster Stufe gut durcharbeiten. Anschließend auf der bemehlten Arbeitsfläche zu einem glatten Teig verkneten. Sollte er kleben, ihn in Folie gewickelt eine Zeit lang kalt stellen.

3. Etwa zwei Drittel des Teiges auf der bemehlten Arbeitsfläche zu einer runden Platte (Ø etwa 34 cm) ausrollen. Den Teig in eine Tarteform (Ø 28 cm, gefettet) legen und den Rand dabei andrücken. Teigboden mehrmals mit einer Gabel einstechen und mit Butter bestreichen.

4. Für die Füllung die vorbereiteten Früchte mit Ahornsirup und Zucker mischen. Speisestärke mit Mehl mischen, darauf sieben und sofort untermischen. Die Fruchtmasse auf dem Teigboden verteilen. Butterflöckchen darauf geben.

5. Restlichen Teig auf der bemehlten Arbeitsfläche zu einer runden Platte (Ø 30 cm) ausrollen und mit einem Teigrädchen etwa 14 Streifen daraus schneiden. Die Teigstreifen gitterförmig auf die Füllung legen und am Rand andrücken. Die Form auf dem Rost in den vorgeheizten Backofen schieben.

Ober-/Unterhitze: etwa 200 °C (unteres Drittel)
Heißluft: 180 °C
Backzeit: 40–45 Minuten.

6. Die Form auf einen Kuchenrost stellen und den Kuchen in der Form erkalten lassen.

Schichtkäse-Krümelkuchen mit Äpfeln

Einfach

Zubereitungszeit:
45 Min., ohne Kühlzeit
Backzeit: etwa 40 Min.

Insgesamt:
E: 177 g, F: 410 g, Kh: 806 g,
kJ: 32039, kcal: 7652

Für die Krümel:
400 g Weizenmehl
225 g Zucker
2 Pck. Dr. Oetker Vanillin-Zucker
1 Prise Salz
250 g weiche Butter

Für die Schichtkäse-Füllung:
1 kg Schichtkäse
2 Pck. Saucenpulver Vanille-Geschmack, zum Kochen
1 Pck. Dr. Oetker Finesse Geriebene Zitronenschale
3 Eier (Größe M)
125 g Zucker
150 g zerlassene abgekühlte Butter

4 Äpfel, z. B. Cox Orange
50 g Rosinen

1. Für die Krümel Mehl in eine Rührschüssel sieben, mit Zucker, Vanillin-Zucker und Salz mischen. Butter hinzufügen und die Zutaten mit Handrührgerät mit Rührbesen zunächst kurz auf niedrigster, dann auf höchster Stufe zu Krümeln verarbeiten.

2. Gut die Hälfte der Krümel auf ein Backblech (30 x 40 cm, gefettet) geben und mit bemehlten Händen zu einem Boden andrücken, Backrahmen darumstellen.

3. Für die Füllung Schichtkäse in eine Rührschüssel geben. Saucenpulver, Zitronenschale, Eier und Zucker hinzufügen. Die Zutaten mit Handrührgerät mit Rührbesen geschmeidig rühren. Butter unterrühren.

4. Äpfel schälen, vierteln, entkernen. Apfelviertel in kleine Würfel schneiden und mit den Rosinen unter die Schichtkäsemasse heben. Die Masse auf dem Teig verteilen und glatt streichen. Restliche Krümel darauf verteilen. Das Backblech in den vorgeheizten Backofen schieben.

Ober-/Unterhitze: etwa 180 °C
Heißluft: etwa 160 °
Backzeit: etwa 40 Minuten.

5. Das Backblech auf einen Kuchenrost stellen und den Kuchen erkalten lassen. Backrahmen vorsichtig lösen und entfernen.

Abwandlung:

Unter die Krümel zusätzlich noch 100 g abgezogene, gemahlene Mandeln heben. Statt Schichtkäse Magerquark verwenden, dann zusätzlich ein Päckchen Pudding-Pulver Vanille-Geschmack unter die Quarkmasse rühren, da Quark feuchter als Schichtkäse ist. Sie können die Rosinen zusätzlich in Calvados einweichen.

Pfirsichschnitten

Beliebt

Zubereitungszeit:
etwa 40 Min.
Backzeit: etwa 25 Min.

Insgesamt:
E: 79 g, F: 237 g, Kh: 818 g,
kJ: 24735, kcal: 5912

Für den Belag:
2 Dosen Pfirsichhälften (Abtropfgewicht je 470 g)

Für den Rührteig:
150 g weiche Butter oder Margarine
150 g Zucker
1 Pck. Dr. Oetker Vanillin-Zucker
1 Prise Salz
5 Tropfen Zitronen-Aroma
4 Eier (Größe M)
250 g Weizenmehl
3 TL Dr. Oetker Backin

Für die Streusel:
150 g Weizenmehl
75 g Zucker
1 Pck. Dr. Oetker Vanillin-Zucker
100 g zerlassene Butter

Für den Guss:
100 g Puderzucker
etwa 2 EL Zitronensaft

1. Für den Belag Pfirsichhälften auf einem Sieb gut abtropfen lassen.

2. Für den Teig Butter oder Margarine in einer Rührschüssel mit Handrührgerät mit Rührbesen geschmeidig rühren. Nach und nach Zucker, Vanillin-Zucker, Salz und Zitronen-Aroma unterrühren und so lange rühren, bis eine gebundene Masse entstanden ist.

3. Eier nach und nach unterrühren (jedes Ei etwa 1/2 Minute). Mehl mit Backpulver mischen, sieben und in 2 Portionen auf mittlerer Stufe unterrühren. Den Teig auf ein Backblech (30 x 40 cm, gefettet) geben, glatt streichen und vor den Teig einen mehrfach geknickten Streifen Alufolie legen. Pfirsichhälften in Scheiben schneiden und auf dem Teig verteilen.

4. Für die Streusel Mehl in eine Schüssel sieben. Zucker, Vanillin-Zucker und Butter hinzufügen und die Zutaten mit Handrührgerät mit Knethaken zu Streuseln verarbeiten, auf den Pfirsichen verteilen. Das Backblech in den vorgeheizten Backofen schieben.

Ober-/Unterhitze: etwa 180 °C
Heißluft: etwa 160 °C
Backzeit: etwa 25 Minuten.

5. Für den Guss Puderzucker sieben, mit Zitronensaft verrühren und sofort nach dem Backen den Guss mit einem Pinsel auf dem Gebäck verteilen. Pfirsichschnitten auf dem Backblech auf einem Kuchenrost erkalten lassen.

Abwandlung:

Anstelle der Pfirsichhälften können Sie auch 2 Dosen Tortenpfirsiche (Abtropfgewicht je 500 g) oder 1 kg Äpfel, in Spalten geschnitten für die Schnitten verwenden.

Getränkter Schoko-Gewürzkuchen

Klassisch – Für Gäste

Zubereitungszeit:
etwa 20 Min.
Backzeit: 50–55 Min.

Insgesamt:
E: 73 g, F: 236 g, Kh: 554 g,
kJ: 19363, kcal: 4623

Für den Schüttelteig:
125 g Butter
300 g Weizenmehl
4 EL Kakaopulver
3 TL Dr. Oetker Backin
200 g Zucker
1 Pck. Dr. Oetker Vanillin-Zucker
2 TL Lebkuchengewürz
4 Eier (Größe M)
300 g Schlagsahne

Für den Sirup:
200 ml Wasser
100 g Zucker
1 Pck. Dr. Oetker Finesse Orangenfrucht

Zum Bestäuben:
Puderzucker

1. Für den Teig Butter zerlassen und abkühlen lassen. Mehl mit Kakao und Backpulver mischen, in eine verschließbare Schüssel (etwa 3 l) sieben und mit Zucker, Vanillin-Zucker und Lebkuchengewürz vermischen. Eier, Sahne und flüssige Butter hinzufügen und die Schüssel mit dem Deckel fest verschließen.

2. Schüssel mehrmals kräftig schütteln (insgesamt 15–30 Sekunden), so dass alle Zutaten gut vermischt sind. Alles mit einem Schneebesen oder Rührlöffel nochmals sorgfältig durchrühren, damit trockene Zutaten vom Rand mit untergerührt werden.

3. Den Teig in eine Gugelhupfform (Ø 22 cm, gefettet) füllen und die Form auf dem Rost in den vorgeheizten Backofen schieben.

Ober-/Unterhitze: etwa 180 °C
Heißluft: etwa 160 °C
Backzeit: 50–55 Minuten.

4. Den Kuchen nach dem Backen 10 Minuten in der Form stehen lassen. In der Zwischenzeit für den Sirup Wasser mit Zucker und Orangenfrucht in einen Topf geben und unter gelegentlichem Rühren etwa 5 Minuten kochen lassen.

5. Den heißen Kuchen in der Form dicht an dicht mit einem Holzstäbchen einstechen und mit dem Sirup beträufeln. Wenn die gesamte Flüssigkeit aufgesogen ist, den Kuchen vorsichtig auf eine Platte stürzen und erkalten lassen.

6. Vor dem Servieren den Gewürzkuchen mit Puderzucker bestäuben.

Schokoladen-Birnen-Kuchen

Schnell zubereitet

Zubereitungszeit:
etwa 35 Min., ohne Abkühlzeit
Backzeit: etwa 45 Min.

Insgesamt:
E: 60 g, F: 144 g, Kh: 446 g,
kJ: 14392, kcal: 3442

Für den All-in-Teig:

1 geh. EL lösliches Kaffeepulver
50 ml heißes Wasser
200 g Weizenmehl
2 TL Dr. Oetker Backin
100 g Zucker
1 Pck. Dr. Oetker Bourbon-Vanille-Zucker
3 Eier (Größe M)
100 g weiche Butter oder Margarine
100 ml Schokoladensauce (Fertigprodukt)

Zum Bestreuen:

25 g gemahlene Haselnusskerne

Für den Belag:

4 reife Birnen (etwa 750 g)
etwas Zitronensaft

Zum Bestreichen:

1 EL Apfelgelee

Für den Guss:

25 g Zartbitter-Kuvertüre
25 g weiße Kuvertüre

1. Für den Teig Kaffeepulver in dem Wasser auflösen. Mehl mit Backpulver mischen und in eine Rührschüssel sieben. Restliche Zutaten hinzufügen und alles mit Handrührgerät mit Rührbesen erst kurz auf niedrigster, dann auf höchster Stufe in etwa 2 Minuten zu einem Teig verarbeiten.

2. Den Teig in eine Springform (Ø 26 cm, Boden gefettet) füllen und glatt streichen. Die Teigoberfläche mit Haselnusskernen bestreuen.

3. Für den Belag Birnen schälen, vierteln und entkernen. Oberfläche mit einem scharfen Messer leicht einschneiden und mit Zitronensaft beträufeln. Die Birnen kreisförmig auf den Teig legen. Die Form auf dem Rost in den vorgeheizten Backofen schieben.

Ober-/Unterhitze: etwa 180 °C
Heißluft: etwa 160 °C
Backzeit: etwa 45 Minuten.

4. Die Form auf einen Kuchenrost stellen. Zum Bestreichen Apfelgelee in einem Topf kurz aufkochen und den heißen Kuchen sofort damit bestreichen. Kuchen aus der Form lösen und auf einem mit Backpapier belegten Kuchenrost erkalten lassen.

5. Für den Guss beide Kuvertüre-Sorten in kleine Stücke hacken und getrennt in einem kleinen Topf im Wasserbad bei schwacher Hitze zu einer geschmeidigen Masse verrühren. Kuvertüre mit einem Teelöffel auf dem Kuchen verteilen und fest werden lassen.

Tipp:

Reichen Sie halbsteif geschlagene, mit Eierlikör abgeschmeckte Sahne dazu.

Zitronen-Kokos-Streusel-Schnitten

Raffiniert

Zubereitungszeit:
etwa 45 Min., ohne Abkühlzeit
Backzeit: etwa 30 Min.

Insgesamt:
E: 82 g, F: 409 g, Kh: 692 g, kJ: 28442, kcal: 6791

Für die Füllung:
100 g Butter
1 Dose (400 g) gezuckerte Kondensmilch
2 TL Dr. Oetker Finesse Geriebene Zitronenschale
125 ml (1/8 l) Zitronensaft
20 g Speisestärke

Für den Streuselteig:
400 g Weizenmehl
1 TL Dr. Oetker Backin
150 g Zucker
1 Pck. Dr. Oetker Vanillin-Zucker
1 Prise Salz
1/2 TL gemahlener Zimt
50 g Kokosraspel
300 g weiche Butter oder Margarine

1. Für die Füllung Butter mit Kondensmilch, Zitronenschale, -saft und Speisestärke in einem kleinen Topf verrühren und unter Rühren aufkochen. Zitronenmasse abkühlen lassen.

2. Für den Teig Mehl mit Backpulver mischen und in eine Rührschüssel sieben. Mit Zucker, Vanillin-Zucker, Salz, Zimt und Kokosraspeln mischen. Butter oder Margarine hinzufügen und die Zutaten mit Handrührgerät mit Rührbesen zunächst kurz auf niedrigster, dann auf höchster Stufe zu Streuseln von gewünschter Größe verarbeiten.

3. Die Hälfte der Streusel auf einem Backblech (30 x 40 cm, gefettet) verteilen und zu einem Boden andrücken. Zitronenmasse darauf streichen und restliche Streusel darauf verteilen. Das Backblech in den vorgeheizten Backofen schieben.

Ober-/Unterhitze: etwa 200 °C
Heißluft: etwa 180 °C
Backzeit: etwa 30 Minuten.

4. Das Backblech auf einen Kuchenrost stellen und den Kuchen darauf erkalten lassen.

Möhrenkuchen

Mit Alkohol

Zubereitungszeit:
etwa 30 Min., ohne Kühlzeit
Backzeit: etwa 65 Min.

Insgesamt:
E: 119 g, F: 263 g, Kh: 481 g,
kJ: 20694, kcal: 4938

Für den Biskuitteig:

- 250 g Möhren
- 5 Eiweiß (Größe M)
- 5 Eigelb (Größe M)
- 200 g Zucker
- 1 Pck. Dr. Oetker Vanillin-Zucker
- 1 Prise Salz
- 3 EL Rum
- 60 g Weizenmehl
- 3 TL Dr. Oetker Backin
- 400 g nicht abgezogene, gemahlene Mandeln

Für den Guss:

- 200 g Puderzucker
- 3–4 EL Rum
- 20 g Butter

Zum Garnieren:

- einige Marzipan-Möhren

1. Für den Teig Möhren waschen, abtropfen lassen, schälen und auf einer Küchenreibe fein raspeln.

2. Eiweiß in einer Rührschüssel so steif schlagen, dass ein Messerschnitt sichtbar bleibt und beiseite stellen. Eigelb mit Zucker, Vanillin-Zucker und Salz in einer anderen Rührschüssel mit Handrührgerät mit Rührbesen auf höchster Stufe etwa 5 Minuten schaumig rühren. Rum kurz unterrühren.

3. Mehl mit Backpulver mischen, sieben und mit der Hälfte der Mandeln auf niedrigster Stufe unterrühren.

4. Eischnee unterheben. Restliche Mandeln und die Möhrenraspel ebenfalls kurz unterrühren. Den Teig in eine Kastenform (30 x 11 cm, gefettet, bemehlt) füllen und glatt streichen. Die Form auf dem Rost in den vorgeheizten Backofen schieben.

   Ober-/Unterhitze: etwa 180 °C (unteres Drittel)
   Heißluft: etwa 160 °C
   Backzeit: etwa 65 Minuten.

5. Den Kuchen 10 Minuten in der Form auf einem Kuchenrost stehen lassen, dann aus der Form lösen, auf einen Kuchenrost stürzen und erkalten lassen.

6. Für den Guss Puderzucker sieben und mit Rum verrühren. Butter zerlassen, unterrühren und den Kuchen damit überziehen. Marzipanmöhren auf den noch feuchten Guss legen und den Guss fest werden lassen.

Tipp:

Sie können den Möhrenkuchen auch ohne Rum zubereiten, dann den Rum durch dieselbe Menge Orangensaft ersetzen.
Sie können den Möhrenkuchen auch in einer Springform (Ø 26 cm) backen.

Ratgeber

Ungetrübtes Backvergnügen – praktische Tipps

Löffelbiskuits, Zwieback oder Krokant zerkleinern

Füllen Sie Löffelbiskuits, Zwieback oder Krokant in einen Gefrierbeutel, verschließen Sie diesen gut und rollen mit einer Teigrolle darüber.

Zitronenschale abreiben

Spülen Sie eine unbehandelte Zitrone heiß ab und tupfen Sie sie trocken. Verwenden Sie nur das Gelbe der Schale, das Weiße ist bitter.

Nusskerne, Mandeln und Kokosraspel rösten

Durch das Rösten entsteht ein intensiveres Aroma. Dafür geben Sie ganze, gehackte oder gemahlene Nusskerne oder Mandeln oder Kokosraspel ohne Fett in eine Pfanne und bräunen die Zutaten unter ständigem Rühren. Erst auf einem Teller abkühlen lassen, dann weiter verwenden. Auch Sonnenblumenkerne, Kürbiskerne und Sesamsamen können Sie auf diese Art rösten.

Zuckerguss

Gesiebten Puderzucker nach und nach mit so viel Wasser, Tee, Likör oder Saft glatt rühren, dass ein dickflüssiger Guss entsteht. Der Puderzucker kann vor dem Verrühren auch mit etwas Kakaopulver oder verriebenem Instant-Kaffeepulver vermischt werden. Nach Belieben kann der Guss mit einigen Tropfen Speisefarbe eingefärbt werden. Den Zuckerguss möglichst schnell verarbeiten, da er schnell fest wird. Flüssiger Zuckerguss lässt sich flächig gut mit einem Pinsel auftragen. Für feine Verzierungen den Guss in kleine Pergamentpapiertütchen oder Gefrierbeutel geben, eine kleine Ecke abschneiden und auf das Gebäck geben.

Kuchen einfrieren

Die meisten Kuchen und Torten lassen sich problemlos einfrieren. Frieren Sie den Kuchen in kleinen Portionen ein, das verkürzt das spätere Auftauen. Eingefrorener Kuchen hält sich etwa 3 Monate, Rührkuchen sogar bis zu 6 Monate. Zum Auftauen im Backofen eignen sich alle trockenen Gebäcke, unbelegte Tortenböden und Fettgebäck.

Register

Festliche Torten

Für die große Kaffeerunde

Freche Früchtchen

Kuchen für alle Tage

A/B/C

G/H/I

K/M/O

P/Q/R

S/T/Z

Hinweis: Wenn Sie Anregungen, Vorschläge oder Fragen haben, rufen Sie unter folgenden Nummern an: (05 21) 1 55 25 80 oder (05 21) 52 06 58. Oder schreiben Sie an: Dr. Oetker Verlag KG, Redaktion Sonderprojekte, Am Bach 11, 33602 Bielefeld

Taschenbucherstausgabe 11/2007

Genehmigte Lizenzausgabe für den Wilhelm Heyne Verlag, München, in der Verlagsgruppe Random House GmbH, www.heyne.de

Printed in Germany 2007

Redaktion: Jasmin Gromzik, Miriam Krampitz

Titelfoto: Axel Struwe, Bielefeld
Innenfotos: Thomas Diercks, Kai Boxhammer, Hamburg (S. 9, 13–19, 31, 37–41, 45–51, 57, 59)
Ulli Hartmann, Halle/Westf. (S. 11, 23, 25, 27)
Ulrich Kopp, Sindelfingen (S. 7, 53)
Bernd Lippert (S. 33, 43)
Axel Struwe, Bielefeld (S. 29)
Brigitte Wegner, Bielefeld (S. 21, 35, 55, 61)

Gestaltung und Satz: M•D•H Haselhorst, Bielefeld
Umschlaggestaltung: kontur:design, Bielefeld

Druck und Bindung: RMO, München

ISBN 978-3-453-85550-2